LE DÉBUT
DE CARTOUCHE,

COMÉDIE-VAUDEVILLE EN DEUX ACTES,

PAR M. T. SAUVAGE,

Représentée pour la première fois, à Paris, sur le théâtre de la Porte-Saint-Martin, le 15 novembre 1841.

DISTRIBUTION :

SAINT-ANDRÉ	M. PERRIN.
SAINT-MARC D'ARGENSON, maître des requêtes	M. VERNER.
BOISJOLI, joaillier	M. TOURNAN.
Mme BOISJOLI	Mme LÉONIDE.
JULIE, fille de Mme de Caumartin	Mme ERNEST.
LA PRÉSIDENTE DE CAUMARTIN	Mme ST-FIRMIN.
FRANÇOIS, valet de Boisjoli	
UN NOTAIRE.	
PARENS ET AMIS DE Mme DE CAUMARTIN.	

En 1696. — Le premier acte, à Paris, chez M. Boisjoli; le deuxième acte, à Versailles, chez la présidente

ACTE I.

Un salon meublé. — Porte au fond; de chaque côté, au premier plan, autres portes; au second plan, à droite, une grande armoire à deux battans; à gauche, et également au deuxième plan, une croisée garnie de grands rideaux ouverts et qui tombent de chaque côté en colonne; siéges, une table garnie de plumes, encre et papier.

SCÈNE I.

Mme BOISJOLI, seule, à gauche, près de la table, écrivant.

Tout à l'heure, à M. de Saint-André... maintenant, à M. Germain, orfèvre... Toujours écrire! (Elle jette sa plume avec dépit et se lève.) M. Boisjoli est insupportable, avec ses lettres de commerce... (Baissant la voix.) Parlez-moi de lettres d'amour; c'est amusant! Quelles étaient passionnées, celles que j'écrivais à ce scélérat de Saint-Marc, qui m'a si platement oubliée!.. Oh! les hommes, je les déteste tous... Aussi, je me suis mariée.

BOISJOLI, dans la chambre à droite. François! mon habit neuf, pour aller à Versailles.

Mme BOISJOLI, soupirant. Ah! voici mon mari.

(Elle va se rasseoir et continue à écrire.)

SCÈNE II.

Mme BOISJOLI, M. BOISJOLI.

BOISJOLI, en robe de chambre et coiffé de nuit, portant des chaînes et des bijoux à la main.

AIR : Il disait sans cesse.

Époux loups-garoux
De femmes coquettes,
Laissez, croyez-nous,
Grilles et verroux;
Beaux ou sapajous,
Coureurs de conquêtes,
En vain à genoux
Vous morfondez-vous;
Suivez bien plutôt ma recette:
Venez de bijoux faire emplette.
Qui les parera,
Ah! ah!
Aux femmes plaira,
Ah! ah!

(Montrant les bijoux qu'il tient.)

Pour charmer, le secret, le voilà,
Là!

(Il va vers la table et serre les bijoux dans le tiroir. A Mme Boisjoli.)

Tu as fini, mignonne?

Mme BOISJOLI, d'un ton doucereux. Oui, mon ami.

BOISJOLI. Et tu n'es pas fatiguée?

Mme BOISJOLI. Non, mon ami.

BOISJOLI, revenant au milieu de la scène, à droite. C'est que voilà ta seconde lettre, mon aimable secrétaire, et quand on n'est pas habituée à tenir la plume, (D'un air malin.) surtout pour écrire à des jeunes gens...

Mme BOISJOLI, vivement et se levant. Des jeunes gens, M. Boisjoli! Je n'ai jamais écrit à un jeune homme.

BOISJOLI. Oh! si fait! si fait!

Mme BOISJOLI, tremblante, à part. Ah! mon Dieu! saurait-il?..

BOISJOLI. Et pas plus tard que tout à l'heure, à un aimable jeune homme... M. de Saint-André...

Mme BOISJOLI, à part, se remettant. Ah!.. il m'a fait une peur!..

(Elle s'assied.)

BOISJOLI. Allons, allons, ne rougis pas: sous la dictée de ton mari, il n'y a pas de mal! Autrement, corbleu! je serais féroce!.. Pauvre petite, elle est toute émue! Elle est si timide.

AIR: J'en guette un petit de mon âge.

Croirait-on, au siècle où nous sommes,
Qu'on leur apprend, dans leur couvent,
A considérer tous les hommes
Comme des monstres?

Mme BOISJOLI.

Oui, vraiment;
Et je suis si persuadée
De la vérité du rapport,
Que l'hymen ne m'a point encor
Fait revenir de cette idée.

M. BOISJOLI. Voyons cette lettre... (Il va s'asseoir à la place de sa femme. Mme Boisjoli reste debout derrière sa chaise. Lisant.) « Mon cher confrère, je conviens que, si l'on pouvait compléter les deux bracelets, la parure serait encore plus digne de la petite-fille de Louis XIV; mais vous savez quelles difficultés nous avons rencontrées pour en confectionner un seul. Sans la présidente de Caumartin, qui nous a prêté cent mille livres, nous n'aurions jamais pu y parvenir...» (S'interrompant.) Et elle est assez impatiente de rentrer dans ses fonds, la chère dame!.. bien qu'elle nous témoigne beaucoup d'amitié. (Continuant.) « Cependant, j'ai encore quelques diamans de mêmes taille et grosseur, et si vous trouviez les autres, nous pourrions risquer le second bracelet. Agréez, mon cher confrère, l'assurance de la considération de votre très humble serviteur. » Parfait! et je signe: « Boisjoli, syndic des marchands joailliers de Paris. »

Mme BOISJOLI. Ce bracelet est donc enfin terminé, mon ami?

BOISJOLI, se levant. Oui, depuis hier; il est là, (Il va vers l'armoire à droite.) dans cette armoire. Mais, j'y pense, tu ne l'as pas encore vu? (Il apporte un écrin.) Tiens, chérie, contemple, admire...

Mme BOISJOLI, tenant l'écrin. Que c'est beau! que c'est éclatant! C'est comme le soleil: plus on le regarde, moins on le voit.

BOISJOLI. Je suis fier, je suis jaloux de ce magnifique bijou, comme je suis fier et jaloux de ma femme. La différence, c'est que je veux conserver ma femme, et que je serais enchanté de me débarrasser du bracelet. On court tant de risques à garder chez soi de semblables objets!

Mme BOISJOLI. Eh quoi! Monsieur, vous craignez..

BOISJOLI. Écoute donc, M. de la Reynie, notre lieutenant de police, jadis si vigilant, si sévère, est vieux aujourd'hui... Les voleurs ont le champ libre... Il en est un, entre autres, à qui on attribue des tours fort adroits et fort plaisans: tiens, l'autre soir, notre voisin, le marchand de soie...

Mme BOISJOLI. Qui a tant de prétentions à la belle jambe et à l'élégance.

BOISJOLI. Justement. Il se promenait aux Tuileries, portant sous le bras un magnifique jonc à pomme d'or, de cinquante pistoles au moins... On le lui arrache par derrière! Il se retourne... « Ah! pardon, lui dit poliment un monsieur, je vous prenais pour mon ami, le marquis de Lafare. » Puis, avec un profond salut, il lui rend sa canne et s'éloigne, laissant le bourgeois enchanté d'une méprise qui l'égalait au plus bel homme de la cour... Son enchantement n'a duré que jusqu'au moment où il s'est aperçu qu'une canne de trente sous remplaçait, dans sa main, le jonc de cinq cent livres. (Il rit.) Ah! ah! ah! ah!

Mme BOISJOLI. C'est un échange.

BOISJOLI. La semaine dernière, un particulier fort bien mis, portant montres, chaînes, bagues en brillans, tabatière... un homme cossu, enfin, est frappé d'une attaque d'apoplexie au jardin du Luxembourg; on s'empresse autour de lui, on lui donne des soins, lorsque, tout-à-coup, un jeune homme fend la presse... « Ciel! s'écrie-t-il, c'est mon père! dans quel état je le retrouve! » Et, tout en pleurs, il s'empare du malade, le fait placer dans un fiacre, et conduire chez un médecin fameux... chez lequel bientôt il le laisse... après l'avoir débarrassé, toutefois, de ses montres, chaînes, bagues et bijoux! (Riant.) Ah! ah! ah!..

Mme BOISJOLI. Et c'est toujours le même qui fait ces méchans tours?

BOISJOLI. Oui. Tu comprends que si un gaillard comme celui-là se mettait dans la tête d'avoir mon bracelet, ce serait inquiétant! Aussi, dès qu'il a été terminé, t'ai-je fait écrire au chevalier de Saint-André...

Mme BOISJOLI. Vous connaissez beaucoup ce monsieur?..

BOISJOLI. Beaucoup ? non ; je l'ai rencontré un jour à Marly, où j'allais porter une parure à la maréchale de Matignon. Nous sommes revenus ensemble ; il m'a accablé de soins et de prévenances... ensuite, je l'ai souvent trouvé dans les antichambres des ministres, des grands seigneurs... Je ne le crois pas riche ; et je le sais assez joueur ; mais cela n'empêche pas d'être honnête, et, moyennant un cadeau convenable, j'espère le décider à mettre mon chef-d'œuvre sous les yeux de Mme de Maintenon, qui s'occupe des préparatifs du mariage de notre cher duc de Bourgogne avec la princesse de Savoie.

SAINT-ANDRÉ, en dehors. Annonce le chevalier de Saint-André, et qu'il se dépêche. Je suis attendu chez monseigneur le Dauphin.

BOISJOLI. Le chevalier de Saint-André ! Je ne puis pas paraître devant ce jeune seigneur dans ce négligé. Ma femme, tu vas...

Mme BOISJOLI, avec empressement. Le recevoir ? Avec plaisir.

BOISJOLI. Oui ; mais ce serait avec peine que je te laisserais seule... Tu vas venir me mettre mon col... Il nous attendra. (François entre par le fond.) Faites entrer, François !

(Boisjoli et sa femme sortent par la droite. François fait entrer les deux jeunes gens par le fond, et sort.)

SCÈNE III.

SAINT-ANDRÉ, SAINT-MARC.

SAINT-ANDRÉ, à Saint-Marc, qui le regarde en riant. Tu ris de mon rendez-vous avec monseigneur le Dauphin... tu as l'air de douter ?

SAINT-MARC. Douter ? oh ! non... Je suis certain qu'il n'en est rien.

SAINT-ANDRÉ.

Air du Calife.

Cette fierté, cette arrogance,
Près des bourgeois font toujours bien ;
Et pour dompter leur sotte engeance,
Mon cher, voilà le vrai moyen :
Les éblouir par l'élégance,
Les étourdir par l'insolence;
Au succès on parvient toujours,
Quand ils sont aveugles et sourds.

Ah çà ! j'espère que nous ne nous quitterons pas de la journée ? Comment ! amis d'enfance, camarades de collège ! Je te rencontre à Paris ; à la première vue, tu me rends un service...

SAINT-MARC. Eh ! mon Dieu ! n'étais-je pas déjà ton débiteur, il y a six ans, quand nous nous rencontrâmes à Tours? Un soir que, pour aller rejoindre l'objet de mes amours, je traversais les flots débordés de la Loire, ne m'as-tu pas sauvé la vie ?

SAINT-ANDRÉ. Et toi, que ne m'as-tu pas sauvé ?.. chez l'ambassadeur de Venise, lorsque ce baron allemand vint me faire une querelle de son pays pour cent misérables louis que je lui gagnais loyalement, je le jure ?..

SAINT-MARC. Cela peut arriver... (A part.) une fois, par hasard.

SAINT-ANDRÉ. Au lieu de tirer sa bourse, le welche tirait l'épée ! ce n'est pas qu'il me fît peur, mais la police allait se mêler de l'affaire... ce qui est toujours fort désagréable... quand tu me reconnais, tu dis deux mots à l'oreille de l'exempt... il s'éloigne et je te dois une visite de moins au For-l'Évêque, (A part.) et peut-être ailleurs.

SAINT-MARC. Eh bien ! à quelques jours de là, tu t'acquittais en assurant le bonheur de toute ma vie.

SAINT-ANDRÉ. Oui, c'est ainsi qu'on appelle un mariage... en perspective !.. Au reste, l'affaire est bonne : la présidente de Caumartin, ta future belle-mère, est alliée aux premières maisons, et, de plus, fort riche.

SAINT-MARC. Mais sa fille, mon ami, sa fille est charmante, douce, aimable, bien élevée ; je l'avais vue au couvent dont ma tante est abbesse... Je l'aimais, je l'adorais, quand je fus forcé de quitter la province, appelé à Paris par des amis, des protecteurs, qui me promettent un avancement rapide, et qui, en attendant, m'ont chargé de fonctions...

SAINT-ANDRÉ, vivement. Lesquelles ?

SAINT-MARC, mystérieusement. Importantes !.. mais secrètes.

SAINT-ANDRÉ. Oh ! diable !

SAINT-MARC, lui montrant un billet qu'il tire de son portefeuille. Tiens, tu vois qu'on est bien en cour !

SAINT-ANDRÉ, lisant, après avoir tiré le billet d'une enveloppe. « On veut vous voir et causer avec vous,.. »

SAINT-MARC. C'est Mme de Maintenon.

SAINT-ANDRÉ, riant. Comme moi, le Dauphin ?

SAINT-MARC. Non, plus sérieusement.

SAINT-ANDRÉ, continuant le billet. » Il s'agit de terminer l'affaire en question. Venez demain, on vous introduira par le petit escalier... Signé, comtesse de Caylus.»

SAINT-MARC. La nièce, la confidente de la marquise !

SAINT-ANDRÉ, remettant le billet dans l'enveloppe et lisant la suscription. « A M. Saint-Marc d'Argenson, maître des requêtes. » Ah ! tu es...

SAINT-MARC. Maître des requêtes... et, mieux que cela, j'espère bientôt !.. Bref, j'avais perdu de vue ma chère Julie, lorsqu'un jour je l'aperçus dans une loge, aux Italiens. Je ne savais comment parvenir jusqu'à elle... mais je te vois, toi, ma providence...

SAINT-ANDRÉ. Moi, qui connais l'univers, c'est-à-dire Paris et Versailles ! Tu me contes ta peine, et dans l'instant je la fais cesser en te présentant à la présidente de Caumartin.

SAINT-MARC. Auprès de qui je fus bientôt accrédité par l'entremise de mes amis ; mais enfin, grâce à toi, demain on célèbre, à Versailles, les fiançailles de ton ami avec sa chère Julie.

SAINT-ANDRÉ. Demain ?.. Ah ! je suis *désolé*

je ne pourrai y assister... un voyage... j'espère partir pour l'Angleterre.

SAINT-MARC. Ah ça! mais, à ton tour, dis-moi pourquoi l'on t'appelle maintenant le chevalier de Saint-André? Au collége, je ne t'ai jamais connu que les titres et noms de Louis, Dominique...

SAINT-ANDRÉ, l'interrompant vivement. Oh! cela tenait à des raisons de famille; le nom que je porte m'appartient bien réellement.

SAINT-MARC, à part. Parce que tu l'as pris. (Haut.) Et que venons-nous faire, je te prie, chez ce bijoutier, M. Boisjoli, où tu m'as entraîné?

SAINT-ANDRÉ, tirant une lettre de sa poche et la lui donnant avec gravité. Je suis mandé pour une grande affaire. Tiens, vois, j'ai aussi mes dépêches.

(Pendant que Saint-Marc lit, Saint-André passe à droite et va examiner l'armoire.)

SAINT-MARC, lisant. «Boisjoli a l'honneur de »présenter son respect à M. de Saint-André; il »le supplie de vouloir bien prendre la peine de »passer chez lui, pour s'entendre sur l'affaire dont il lui a déjà parlé.» Mais c'est l'écriture d'une femme?

SAINT-ANDRÉ, revenant. Oui, de Mme Boisjoli, je pense.

SAINT-MARC, voulant sortir. Ah! mon Dieu! mon ami, je me sauve...

SAINT-ANDRÉ, le retenant. Comment! connaîtrais-tu la dame, son écriture et son style?

SAINT-MARC, de même, et près de la porte du fond. Le tout intimement, mon cher: cette ancienne liaison à Tours... Je crains les effets de la reconnaissance... (Mme Boisjoli paraît.) La voici! Impossible de l'éviter.

SAINT-ANDRÉ. Tiens ferme alors, j'étourdirai le mari.

SCÈNE IV.

SAINT-MARC, SAINT-ANDRÉ, près de la porte du fond; Mme BOISJOLI, BOISJOLI, habillé.

(Mme Boisjoli, un ouvrage de broderie à la main, les yeux baissés, fait une révérence aux jeunes gens qui la saluent. Boisjoli vient vivement se placer entre eux et elle. Mme Boisjoli s'assied à l'avant-scène à droite, et travaille.)

BOISJOLI. Mille pardons, Messieurs, de vous avoir fait attendre; mais les apprêts d'un voyage pour Versailles...

SAINT-ANDRÉ. Toujours des affaires, d'excellentes affaires, ce cher Boisjoli!.. Je vous présente mon ami, M. de Saint-Marc...

BOISJOLI, sèchement. Monsieur...

Mme BOISJOLI, tournant la tête. Ciel!..

BOISJOLI. Qu'as-tu donc, ma femme?

SAINT-MARC, à part. Elle m'a reconnu.

Mme BOISJOLI, se remettant. Rien, mon ami; je me suis piquée...

SAINT-ANDRÉ, à Saint-Marc. Elle est piquée...

SAINT-MARC. Oh! je connais de réputation M. Boisjoli.

SAINT-ANDRÉ. Excellente connaissance à cultiver! C'est un vrai diamant... brut!.. il vaut mieux qu'il ne paraît; mais sa femme, par exemple, c'est une perle fine... oh! très fine.

(Il fait passer Saint-Marc, qui salue Mme Boisjoli.*)

BOISJOLI. Trop honnête pour moi et pour ma femme. (A part.) Ce monsieur a le regard très faux.

Mme BOISJOLI, regardant Saint-Marc à la dérobée. Il est toujours aimable, le traître.

SAINT-MARC, de même. Elle est plus gentille que jamais.

SAINT-ANDRÉ. Ah ça! mon cher, je me suis empressé de venir, parce que j'ai pensé qu'il s'agissait...

BOISJOLI, bas. Du bracelet? il est achevé.

(Il va prendre l'écrin dans l'armoire, tout en regardant Saint-Marc.)

SAINT-ANDRÉ, avec joie. Très bien!

Mme BOISJOLI, à part. Il a gardé mes lettres, mon portrait, si je ne profite pas de l'occasion, je ne pourrai jamais les ravoir.

BOISJOLI, apportant l'écrin. Tenez!

SAINT-ANDRÉ. Ah! merveilleux! (Il va pour le montrer à Saint-Marc.) Vois donc...

BOISJOLI, le retenant. Que faites-vous? Il ne faut pas montrer cela! on ne sait pas aujourd'hui à qui l'on peut avoir affaire.

SAINNT-ANDRÉ. Oh! parbleu, je vous réponds de mon ami.

Mme BOISJOLI, bas, à Saint-Marc. Il faut que je vous parle.

SAINT-MARC, de même. A vos ordres.

Mme BOISJOLI, de même. Ici, ce soir, à onze heures.

SAINT-MARC, de même. J'y serai (A part.) La veille de mon mariage!.. non, ma foi!

SAINT-ANDRÉ, à Boisjoli. Ah ça! mais je ne vois là qu'un bracelet, et le second?

BOISJOLI. J'y ai presque renoncé.

SAINT-ANDRÉ.

Air du Verre.

Vous avez eu grand tort, vraiment!
Car, tenez, moi, je suis sincère,
Je voulais, fort obligeamment,
Vous débarrasser de la paire;
Oui, je comptais sur l'autre aussi,
Y renoncer, morbleu! me coûte..,
Mais donnez toujours celui-ci...
Et demain je me mets en route.

BOISJOLI. Vous avez donc une audience de la marquise?

SAINT-ANDRÉ. Non! mais je l'aurai dès que je la demanderai.

BOISJOLI, contrarié. Eh bien! demandez-la, et demain le bracelet est à votre disposition.

(Il va reporter l'écrin dans l'armoire.)

SAINT-ANDRÉ. Comme vous voudrez. (A part.) N'insistons pas, pour ne pas éveiller ses soupçons! Il part pour Versailles... cette fenêtre sur la rue...

*Saint-André, Boisjoli, Saint-Marc, Mme Boisjoli.

SAINT-MARC, à part, suivant du regard Saint-André. Cette fenêtre! je t'ai compris!

SAINT-ANDRÉ, à Boisjoli, qui revient. Je vais écrire à l'instant. Puisque tout est bien convenu, je ne veux pas vous retenir plus long-temps. Demain, trouvez-vous à Versailles, au pied du grand escalier, à deux heures.

Air des Plaisirs qui ne content rien.

Pour le bracelet je m'engage
A vous trouver un amateur.

SAINT-MARC, saluant Mme Boisjoli.

Madame, acceptez mon hommage!

BOISJOLI, se plaçant entre sa femme et Saint-Marc qui s'éloigne.

Je suis votre humble serviteur,

(A Saint-André.)

Vous comprenez?..

SAINT-ANDRÉ, l'interrompant et se plaçant entre lui et Mme Boisjoli

Discours frivole!
Nous sommes tous deux gens d'esprit :
J'entends avec une parole...

(Bas à Mme Boisjoli, montrant Saint-Marc.)

Le moindre signe lui suffit.

ENSEMBLE.

SAINT-ANDRÉ.

Pour le bracelet je m'engage
A vous trouver un amateur;
Madame, acceptez mon hommage,
Je suis votre humble serviteur.

BOISJOLI, avec joie.

Pour le bracelet il s'engage
A me trouver un amateur.
A demain donc et bon voyage,
Je suis votre humble serviteur.

SAINT-MARC, regardant Saint-André.

J'ai compris son projet, je gage,
Mais surveillons l'adroit voleur;
A le déjouer je m'engage;
Ah! du moins, sauvons-lui l'honneur.

Mme BOISJOLI.

Oui, rompons avec un volage,
Qui ne méritait pas mon cœur;
Et reprenons bien vite un gage
Qui pourrait troubler mon bonheur.

(Saint-Marc salue Mme Boisjoli, qui montre la fenêtre.)

SCÈNE V.

BOISJOLI, Mme BOISJOLI.

BOISJOLI, qui a reconduit les jeunes gens, revenant. Bon voyage!.. Ma femme, as-tu remarqué le maintien embarrassé de ce jeune homme?

Mme BOISJOLI, ingénument. Ah! c'est un jeune homme? je ne m'en étais pas aperçue.

BOISJOLI. Il n'a pas cessé de regarder... vers cette armoire, où il m'avait vu renfermer le bracelet... Ma foi, je ne me sens plus l'envie d'aller à Versailles.

(Il s'assied près de la table.)

Mme BOISJOLI, à part. Ah! mon Dieu! (Haut.) N'avez-vous pas une somme importante à recevoir?

BOISJOLI. Sans doute... mais j'ai ici un objet précieux à surveiller, et décidément je resterai.

Mme BOISJOLI, à part. Et Saint-Marc qui va venir!

BOISJOLI. Je vais me mettre à mon aise.

(Il déboucle son col, et va ôter son habit. On entend une voiture s'arrêter.)

Mme BOISJOLI. Ah! une voiture s'arrête à notre porte. (Regardant par la fenêtre.) C'est Mme la Présidente avec sa fille.

BOISJOLI, se levant. Diable! des dames! reprenons une tenue décente!

(Il remet son col.)

SCÈNE VI.

Mme BOISJOLI, JULIE, LA PRÉSIDENTE, BOISJOLI.

(Pendant cette scène la nuit vient, François apporte une bougie allumée, qu'il place sur la table, à gauche.)

LA PRÉSIDENTE, entrant. C'est affreux! c'est insupportable!.. a-t-on jamais vu pareil animal?

BOISJOLI, qui est allé au devant des dames. Votre cheval?

LA PRÉSIDENTE. Eh! non, mon cocher, qui est ivre! il a manqué d'écraser un portenr d'eau! j'en suis toute tremblante...

Mme BOISJOLI. Quel bonheur de vous voir, Madame.

LA PRÉSIDENTE. Je viens vous apprendre une grande nouvelle, mes amis : je marie Julie.

Mme BOISJOLI. Ah! c'est une charmante résolution.

LA PRÉSIDENTE. Cela s'est décidé très vite; je connais le futur depuis quinze jours à peine.

Mme BOISJOLI. Et Julie consent?

LA PRÉSIDENTE. Comment? c'est moi qui consens... car ce sont d'anciennes amours.

Mme BOISJOLI. Vraiment?

JULIE. Oui, Madame; ça date du couvent.

Air : Paris et le village.

Il venait, presque tous les jours,
Visiter notre chère abbesse;
Écoutant ses moindres discours,
Par hasard, j'étais là sans cesse!
Je le regardais sans effroi,
Car, dans le couvent, à la ronde,
Tout le monde l'aimait... et moi
Je faisais comme tout le monde...

Mme BOISJOLI, minaudant. Cette chère enfant! quelle candeur! quelle innocence! c'est comme moi.

BOISJOLI, à la Présidente. C'est comme ma femme.

LA PRÉSIDENTE. Enfin ils se sont retrouvés au spectacle. On m'a présenté le jeune homme. Un maître des requêtes! ça me convenait, et puis il paraît qu'il a de hautes protections à la cour, près de la marquise de Maintenon. Enfin c'est un excellent parti... Demain donc, à ma maison de Versailles, je le présente à ma famille, à mes amis, et nous signons le contrat. Je donne cent mille livres de dot!

BOISJOLI. Vous le pouvez.

LA PRÉSIDENTE. C'est-à-dire, cela dépend. Que devient le bracelet?

BOISJOLI, mystérieusement. Il est probable que je ne l'aurai plus demain.

LA PRÉSIDENTE. Tant mieux; car je compte sur la rentrée de ces fonds pour la dot. J'espère que vous nous ferez le plaisir de prendre part à cette petite fête de famille?

BOISJOLI. Nous y assisterons volontiers, Madame. N'est-ce pas, ma femme?

Mme BOISJOLI. Vous savez, mon ami, que votre volonté est la mienne.

BOISJOLI. Cher ange!

LA PRÉSIDENTE. A demain donc. Je repars bien vite pour terminer tous nos apprêts.

Mme BOISJOLI, vivement. Vous retournez à Versailles? Mon ami, que ne profitez-vous de la société et du carrosse de Madame?

LA PRÉSIDENTE. Je serai enchantée d'avoir un cavalier.

BOISJOLI, contrarié. Madame, certainement...

LA PRÉSIDENTE. On parle tant de voleurs! et il se fait tard.

Mme BOISJOLI, insistant. Voyez-vous, en même temps que vous ferez vos affaires, vous rendrez service à Mme la Présidente...

LA PRÉSIDENTE. Sans contredit.

BOISJOLI. Enchanté!.. (A part.) J'enrage! (Haut.) Eh bien! donc, Madame, je suis à vos ordres. (A part.) Que les femmes peureuses sont insupportables! (Passant près de sa femme.) Je reviendrai le plus tôt possible.

(Il va prendre, au fond, sa canne et son chapeau.)

Mme BOISJOLI, près de la Présidente. Pas ce soir, je l'espère!.. avec de l'argent!..

LA PRÉSIDENTE. Ce serait très imprudent!.. Rassurez-vous, ma chère amie, je ne le souffrirai pas.

Mme BOISJOLI, rassurée. Merci, Madame; me voilà tranquille.

LA PRÉSIDENTE. Adieu, ma toute belle; je vous réponds de ce petit papillon pendant le voyage... quand au retour... ah!

BOISJOLI, revenant près de sa femme. Elle me connaît, je suis incapable de lui faire une infidélité. (A la présidente.) Mon bras est votre serviteur... (A sa femme.) Tu te coucheras de bonne heure... tu penseras à moi, tu feras la visite partout!..

LA PRÉSIDENTE. Allons donc, M. Boisjoli, vous êtes trop tendre!

BOISJOLI. C'est ce qu'elle me dit quelque fois.

Air du Lorgnon.

Allons, bonsoir,
Jusqu'au revoir;
Adieu, ma reine,
Calme ta peine;
Avant un jour,
Dans ce séjour,
Près de toi reviendra l'amour.
Pour apaiser la crainte où je te voi,
Fais, j'y consens, par la servante Rose,
Prendre, la nuit, ma place auprès de toi.
Et ce sera toujours la même chose.

ENSEMBLE.

BOISJOLI.

Allons, bonsoir, etc.

Mme BOISJOLI.

Allons, bonsoir,
Jusqu'au revoir;
J'en suis certaine
Ma crainte est vaine,
Avant un jour,
Dans ce séjour,
Près de moi reviendra l'amour.

LA PRÉSIDENTE et JULIE.

Adieu, bonsoir,
Jusqu'au revoir;
Allons, ma reine,
La crainte est vaine.
Avant un jour,
Dans ce séjour
Près de vous reviendra l'amour.

(Ils sortent; Mme Boisjoli les conduit jusqu'à la porte.)

SCÈNE VII.

Mme BOISJOLI, seule, d'un ton dégagé.

Enfin il est parti, je respire!.. La Présidente m'a rendu là un fameux service!.. Quel embarras, si Saint-Marc était arrivé!.. avec ça que M. Boisjoli est jaloux comme trois léopards; il se fâcherait tout jaune, pour le moindre trait... Je vous le demande, est-ce juste, avec un physique comme le sien?..

Air : Je sais arranger les rubans.

Soyez fidèles au devoir,
Nous dit la voix de la Sagesse;
C'est le vrai moyen pour avoir,
Chez soi, paix et bonheur sans cesse.
J'en conviens, on peut concevoir
Par ce moyen que l'on renomme,
Et de la paix et du bonheur l'espoir...
Quand le devoir est un bel homme!
Il faut, au moins, pour un si doux espoir,
Que le devoir soit un bel homme.

M. Boisjoli me semble encore plus insupportable depuis que j'ai revu Saint-Marc! De la prudence, pourtant, et ne compromettons pas notre avenir, notre repos... redemandons, exigeons ces lettres, ce portrait qu'il arracha à ma faiblesse... Quelle bêtise d'écrire, de donner son portrait!.. Prenons bien nos précautions pour que rien ne puisse nous trahir.

(Elle sonne.)

SCÈNE VIII.

Mme BOISJOLI, FRANÇOIS.

Mme BOISJOLI. François, apportez ici tout ce qu'il faut pour souper. (François sort et revient avec une table servie, sur laquelle sont disposés deux couverts; il place la table près de l'avant-scène, à droite.) Monsieur ne rentre pas ce soir... Que tout le monde se couche. Allez, je vais fermer les portes de l'appartement. (François sort, et Mme Boisjoli va tirer les verroux à la porte du fond et ouvrir la fenêtre.) Il va, sans doute, me parler de son amour, mais je serai sévère, je n'écouterai rien... tout est fini... plus de coquetterie!.. Allons faire un peu de toilette.

(Elle rentre par la porte à droite, emportant la bougie; la scène reste dans l'obscurité. Musique en sourdine.)

SCÈNE IX.

SAINT-MARC, aussitôt que Mme Boisjoli rentre, paraît à la fenêtre, enveloppé d'un manteau.

Elle rentre chez elle! très bien! (Il entre.) Elle aura compris que je ne serais pas exact au rendez-vous, et elle ne m'attend plus... Je n'en suis pas fâché.

AIR Au rocher de Sainte-Avelle.

De la rencontrer face à face,
Je crois que je tremble, vraiment;
Car il faudra qu'ici je fasse
Pour une femme, un fort sot compliment.
Quelque sentiment qu'elle inspire,
Si hautes que soient ses vertus:
« Je t'aime» est plus facile à dire
Que: « Je ne vous aime plus. »

Et puis, sa présence m'aurait gêné... ce n'est pas pour elle que je viens... Ce malheureux Saint-André, ou plutôt Cartouche... Je ne voulais pas le croire, on m'a donné des preuves si évidentes... Il est pénible d'avoir de semblables amis... Mais je le sauverai malgré lui... c'est mon devoir: il m'a rendu un service que je ne puis oublier... Le voici...

SCÈNE X.

SAINT-ANDRÉ, SAINT-MARC.

(Toute cette scène doit être dite à voix basse.)

SAINT-ANDRÉ, à la fenêtre, aussi couvert d'un manteau. La fenêtre ouverte?

SAINT-MARC, qui a remonté vers le fond, à part. Pour t'éviter l'effraction...

SAINT-ANDRÉ, entrant en hésitant. Que veut dire cela?

SAINT-MARC, lui prenant la main et l'amenant sur le devant de la scène. Monsieur, donnez-vous la peine d'entrer.

SAINT-ANDRÉ. Diable! Je suis pris.

SAINT-MARC. Eh bien! tu ne dis rien à ton ami?

SAINT-ANDRÉ, le reconnaissant. Saint-Marc! Que viens-tu chercher ici, à cette heure?

SAINT-MARC. Ce que tu viens y chercher toi-même.

SAINT-ANDRÉ. Eh quoi! cher ami, tu serais...

SAINT-MARC, l'interrompant. L'adorateur de Mme Boisjoli.

SAINT-ANDRÉ. Ah! c'est vrai...

SAINT-MARC. Et ton rival, à ce qu'il paraît.

SAINT-ANDRÉ. Mon rival! (A part) Oh! charmant! j'en rirais, s'il ne me gênait pas.

SAINT-MARC. J'ai deviné à tes regards amoureux... qu'enflammé par l'éclat de cette beauté divine, tu profiterais de l'absence de l'époux... pour arriver à ton but, et je me suis empressé de te devancer.

SAINT-ANDRÉ, avec une indignation chargée. Comment, libertin, au moment où tu vas devenir propriétaire d'une femme charmante, tu t'introduis chez un honnête mari pour lui voler ce qu'il a de plus précieux... le cœur de sa femme, car c'est un vol... en morale...

SAINT-MARC. Il me fait un sermon, à présent! Mais, toi, que voulais-tu donc?..

SAINT-ANDRÉ, naturellement. Moi! c'est différent, c'est mon état...

SAINT-MARC. Ah!

SAINT-ANDRÉ, se reprenant. Je suis garçon.

SAINT-MARC. Eh bien! je le suis encore, et je profite de mon dernier jour de liberté.

SAINT-ANDRÉ. Ah! ça! tu prétends donc rester? Oh! je ne le souffrirai pas... (Rapidement.) La raison... mon intérêt... la décence... la délicatesse... tout s'oppose...

SAINT-MARC. Eh bien! ton éloquence me touche; je me rends...

SAINT-ANDRÉ. C'est heureux... tu t'en vas?

SAINT-MARC. Avec toi.

SAINT-ANDRÉ. Non pas, je reste...

SAINT-MARC. Tu ne resteras pas.

(On voit la lumière de Mme Boisjoli.)

SAINT-ANDRÉ. Diable! on vient! Sauve qui peut!

(Il pousse Saint-Marc, qui s'avance au-devant de Mme Boisjoli, que l'on voit paraître avec une lumière. Saint-André, ne pouvant plus descendre sans être vu, se cache derrière un rideau.)

SCÈNE XI.

SAINT-ANDRÉ, caché; SAINT-MARC, Mme BOISJOLI.

Mme BOISJOLI, avec émotion. Ah! c'est lui!.. Vous êtes exact aujourd'hui, Monsieur.

SAINT-MARC, à part. Il est sauvé... Mais moi! pas moyen d'éviter l'entrevue.

(Il s'avance et salue Mme Boisjoli; tous deux gardent le silence.)

Mme BOISJOLI. Vous vous taisez, Monsieur; vous êtes embarrassé, je le crois, après votre conduite indigne!.. Moi, si confiante, si dévouée, qui avais pour vous un attachement, dont je rougis maintenant, me quitter tout-à-coup... Ah! j'ai bien pleuré, quand j'ai appris votre départ, quand j'ai vu le temps s'écouler sans recevoir un mot, un souvenir de vous... (Avec attendrissement.) j'étais inconsolable; j'ai cru que je ne survivrais pas à ma douleur...

SAINT-MARC, la regardant. Et vous paraissez jouir d'une bonne santé?

Mme BOISJOLI. Mais, oui, assez bonne.

SAINT-MARC. Et vous vous êtes consolée?

Mme BOISJOLI. Est-ce qu'on ne finit pas toujours par là?

SAINT-MARC. Et vous avez épousé M. Boisjoli?

Mme BOISJOLI. Il l'a bien fallu! vos assiduités avaient été remarquées dans cette petite ville, où chacun se mêle de ce qui ne le regarde pas... il m'aurait été difficile d'espérer un mari du pays... lorsqu'il m'en est venu un de Paris... C'est notre ressource en province; comme la province est leur consolation, aux Parisiens : ils pensent y trouver ce qu'ils ne rencontrent guère chez eux, et nous, nous nous en arrangeons... Ils sont d'une si bonne pâte! Voilà comment je suis Mme Boisjoli.

SAINT-MARC. Eh bien! tout est pour le mieux. Il est riche, ce brave homme, il vous adore...

Mme BOISJOLI, d'un ton sentimental. Ah! Saint-Marc, si vous aviez été fidèle...

SAINT-MARC, à part. Détournons la conversation. (Regardant le couvert.) Comment! une table, deux couverts?.. Quelle aimable attention!

Mme BOISJOLI. Ah! c'est François; l'habitude! Mais vous n'avez peut-être pas soupé? Allons, Monsieur, mettez-vous là, et causons sérieusement.

SAINT-ANDRÉ, sortant de derrière le rideau, tandis que Saint-Marc et Mme Boisjoli se mettent à table. Les voilà occupés... Profitons du moment pour nous placer plus commodément.

(Il entre dans la chambre de Mme Boisjoli par la porte à gauche.)

SCÈNE XII.

SAINT-MARC, Mme BOISJOLI, à table.

Mme BOISJOLI. Vous avez des lettres à moi, Monsieur?

SAINT-MARC, mangeant. Que je relis sans cesse.

Mme BOISJOLI. Vous avez aussi mon portrait?

SAINT-MARC. Que je porte toujours sur mon cœur...

Mme BOISJOLI. Eh bien! Monsieur, vous allez me rendre tout cela.

SAINT-MARC, à part. Ah! diable!

Mme BOISJOLI. Voyons ce portrait, que vous portez toujours sur votre cœur.

SAINT-MARC. Il est à Versailles...

Mme BOISJOLI. Hein?

SAINT-MARC. Le portrait...

Mme BOISJOLI. Et les lettres que vous relisez sans cesse?

SAINT-MARC. Sont avec le portrait. Vous le comprenez, en voyage, il peut arriver tant d'accidens! Je ne voudrais pas exposer des gages si précieux... Mais puisque vous voulez que je m'en sépare, demain, j'irai les chercher à Versailles.

(On entend frapper à la porte cochère.)

Mme BOISJOLI. Ah! mon Dieu!

SAINT-MARC. Qu'est-ce que c'est que ça?

Mme BOISJOLI. Si c'était mon mari? (Elle va regarder par la fenêtre.) C'est lui!

(On entend refermer la porte.)

SAINT-MARC. Je vais redescendre.

(Il se dirige vers la fenêtre.)

Mme BOISJOLI, le retenant. Non, pas maintenant; de l'antichambre il pourrait vous voir.

SAINT-MARC. Où me cacher, alors? (Montrant la porte à gauche.) Cette chambre.

Mme BOISJOLI, l'arrêtant. Monsieur! c'est la mienne! (Lui montrant l'armoire.) Là, dans cette armoire; vous sortirez quand il sera couché. (Saint-Marc se blottit dans l'armoire.) Ah! votre manteau... (Elle lui donne son manteau et son chapeau. Boisjoli frappe à la porte du salon.) Est-ce vous, mon ami?

BOISJOLI, en dehors, d'une voix dolente. Eh! mon Dieu, oui! c'est moi!

(Mme Boisjoli va ouvrir la porte.)

SCÈNE XIII.

Mme BOISJOLI, BOISJOLI, la perruque de travers, les habits en désordre, le front entouré d'un mouchoir; il tient un bougeoir à la main.

BOISJOLI, entrant en chancelant. Oui, c'est ton malheureux et tendre époux, effrayé, harrassé, brisé, qui vient chercher le calme et le repos sous le toit conjugal.

Mme BOISJOLI, lui apportant un siége. Vous n'avez donc pas été à Versailles?

BOISJOLI, assis. Plût au ciel que je n'eusse pas même eu la pensée d'y aller!

Mme BOISJOLI. Que vous est-il arrivé?

BOISJOLI. Un accident terrible. (Il ôte son mouchoir.) Vois.

(Il a deux bosses au front.)

Mme BOISJOLI. Ah! vous êtes affreux!

BOISJOLI. Je le crois! Voilà ce qu'on gagne à quitter pendant la nuit sa maison et sa femme.

aussi l'on ne m'y reprendra plus. C'est ce maudit cocher de la présidente... déjà gris tantôt, il avait presque écrasé un homme; en retournant, son ivresse ne connaissait plus de bornes, il en a accroché une... et patatras !..

Mme BOISJOLI. Et la présidente?

BOISJOLI. Sa fille et elle étaient du bon côté... il ne leur est rien arrivé..... c'est moi et Azor, le bichon... qui avons tout porté... il a deux pattes cassées. Ce chien avait donné une humeur de dogue à Mme de Caumartin; Voyant ça, j'ai pensé qu'un voyage aussi désagréablement commencé ne promettait rien de gracieux pour la suite, et je suis revenu tristement à pattes, ce que n'eût pas pu faire le pauvre Azor... (Se levant.) Mais cette chute semble m'avoir donné de l'appétit, je ne serais pas fâché de prendre quelque chose. (Il s'approche de la table.) Comment? deux couverts!

Mme BOISJOLI troublée. C'est François... vous ne l'aviez pas prévenu...

BOISJOLI. C'est juste. (Il regarde de plus près.) Mais tu as donc mangé dans deux assiettes... bu dans deux verres?..

Mme BOISJOLI, plus tremblante et cherchant une excuse. Mon Dieu! je ne sais si je dois vous dire...

BOISJOLI, inquiet. Dites, dites... je veux qu'on ne cache rien à son petit mari.

Mme BOISJOLI, regardant l'armoire et faisant signe à Saint-Marc de rester caché. Pourtant il y a des choses..,

BOISJOLI, s'animant. Voyons, expliquez-vous, vous voilà toute troublée...

Mme BOISJOLI, se remettant. C'est que je suis honteuse...

BOISJOLI, vivement. De quoi, s'il vous plaît?

Mme BOISJOLI, avec malice et affectant l'air simple. D'une folie... d'un enfantillage... Le couvert était mis ici... eh bien! j'ai voulu que ce ne fût pas inutilement... J'ai servi pour deux... votre assiette a été remplie... votre verre aussi; j'ai causé avec mon convive, j'ai trinqué avec lui, et, de cette façon, je ne me suis pas aperçue de votre absence... Voilà la vérité.

BOISJOLI, enchanté. Charmante naïveté!.. Quel passe-temps innocent!.. Trouvez donc, à Paris, une femme ingénue comme celle-là... Je suis satisfait... je suis parfaitement satisfait, ma chère amie... Conduis-toi toujours ainsi, et tu me rendras le plus heureux des maris... va te coucher.

Mme BOISJOLI, regardant l'armoire. Mais,...

BOISJOLI, lui donnant le flambeau qui était sur la table servie. Va te coucher, te dis-je?.. Il est question de ton repos, de ta santé, j'ordonne, j'exige, je suis tyran.

(Mme Boisjoli, après avoir hésité, sort par la porte à gauche, en jetant toujours des regards vers l'armoire.)

SCÈNE XIV.

BOISJOLI, seul, la regardant sortir.

Est-ce adroit d'avoir mis la main sur ce bijou-là ?.. A propos de bijou, assurons-nous si l'écrin est toujours à sa place. (Il prend son bougeoir et va ouvrir l'armoire.) Ah! qu'est-ce que cela?

(Il recule épouvanté.)

SCÈNE XV.

BOISJOLI, SAINT-MARC, enveloppé jusqu'au nez dans son manteau et le chapeau sur les yeux, sort de l'armoire.

BOISJOLI, tremblant.

AIR : Oh! oh! oh, quel martyre.

Ah! ah! à peine je respire!
Car je vois clair sous ce chapeau;
C'est mon bracelet qui m'attire
Cet étranger et son manteau
Oh! oh! oh! oh! oh! oh!

SAINT-MARC, à part, riant.

Ah! ah! ah! je ne puis lui dire,
Pour lui rendre ici le repos,
Ce qui dans ce moment m'attire,
Ce serait accroître ses maux.
Oh! oh! oh! oh! oh!

BOISJOLI.

Quel malheur!
Au voleur!
Ah! je meur
De frayeur!

SAINT-MARC.

Moi, voleur!
Quel honneur!
Par bonheur,
Il a peur!
Ah! ah! ah! profitons de l'erreur!

(On entend un grand bruit dans la chambre de Mme Boisjoli; elle-même pousse des cris.)

SCÈNE XVI.

BOISJOLI, Mme BOISJOLI, en toilette de nuit; SAINT-MARC.

Suite du morceau.

BOISJOLI.

Ah! mon Dieu! quel bruit effroyable!

Mme BOISJOLI, accourant effrayée.

Ah! mon mari!

BOISJOLI.

Pourquoi ces cris?

Mme BOISJOLI, montrant sa chambre.

Un homme!

BOISJOLI, se soutenant à peine.

Oh ciel! un autre!

SAINT-MARC, à part.

Ah! diable!

BOISJOLI.

Mais, c'est vraiment épouvantable !
De tous les côtés des bandits !

Mme BOISJOLI, bas, à Saint-Marc.

Quoi ! vous encore !

SAINT-MARC, de même.

Il m'a surpris.

Mme BOISJOLI, à son mari.

J'étais là, quand un téméraire
Vint tout-à-coup éteindre ma lumière.

(Elle fait signe à Saint-Marc de souffler la bougie.)

SAINT-MARC, à part, la comprenant.

Très bien.

SCÈNE XVII.

SAINT-ANDRÉ, enveloppé de son manteau, le chapeau sur la tête, paraissant à la porte de gauche; BOISJOLI, Mme BOISJOLI, SAINT-MARC.

SAINT-ANDRÉ, à part.

Tâchons de sortir d'embarras.

BOISJOLI, l'apercevant, et se trouvant entre les deux manteaux.

Je n'ose, hélas ! faire un seul pas !

Mme BOISJOLI, s'attachant à lui.

Mon ami, ne me quittez pas !

(Pendant que Mme Boisjoli tient son mari entre ses bras, Saint-Marc s'avance doucement, et souffle la lumière. Obscurité complette.

BOISJOLI, poussant un cri. Ah !..

REPRISE DE L'ENSEMBLE.

BOISJOLI.

Ah! ah! à peine je respire! etc.

Mme BOISJOLI, à Saint-Marc.

Ah ! ah ! à peine je respire !
Amant ! voleur ! quels quiproquos !
Bien vite il faut qu'on se retire
Pour me rendre ici le repos !
Qu'on se retire !

SAINT-MARC, riant.

Ah! ah! ah! j'étouffe de rire !
Amant ! voleur ! quels quiproquos !
Mais, grace au ciel, je me retire
Sans compromettre son repos !
Je me retire !

SAINT-ANDRÉ, riant.

Ah ! ah ! ah ! j'étouffe de rire !
Et pourtant, ce bijou si beau,
Il faut qu'hélas ! je me retire,
Sans m'en être fait le cadeau !
Ah ! quel martyre !

(Après la reprise, Saint-Marc baise la main de Mme Boisjoli; Saint-André jette son manteau sur Boisjoli, et le fait tomber; Saint-André et Saint-Marc se retrouvent à la fenêtre; Saint-André, pressé de partir, pousse Saint-Marc, dont le chapeau tombe et reste en scène. Boisjoli jette des cris jusqu'au baisser du rideau.)

FIN DU PREMIER ACTE.

ACTE II.

Un salon donnant sur un jardin.—Portes au fond et sur les côtés ; fauteuils et canapé; une table, avec écritoire garnie, à droite.

SCENE I.

JULIE, LA PRÉSIDENTE.

(Julie, au milieu du théâtre, regarde vers le fond; la présidente, assise près de la table, met en ordre des papiers.)

JULIE, soupirant. Ah !..

LA PRÉSIDENTE. Eh bien ! qu'avez-vous donc?

JULIE. M. Saint-Marc ne vient pas !

LA PRÉSIDENTE. C'est qu'une affaire l'aura retenu; il est, dit-on, fort occupé depuis quelque temps.

JULIE, s'approchant de sa mère. N'est-ce pas, ma chère mère, que c'est un bien aimable jeune homme? sensible, honnète!.. Il m'a juré, ma chère mère, qu'il n'avait aimé et qu'il n'aimerait jamais que moi !

LA PRÉSIDENTE, souriant. Soit !.. l'important est qu'aujourd'hui il soit sage et rangé... (A part, pendant que Julie s'éloigne et va regarder vers le fond.) que l'argent et l'amour ne se dépensent qu'à la maison.

JULIE, revenant joyeuse. Ah ! ma chère mère, le voici!..

SCÈNE II.

SAINT-MARC, JULIE, LA PRÉSIDENTE.

SAINT-MARC, saluant. Votre serviteur, Madame.... Mademoiselle Julie veut-elle bien agréer mes hommages ?..

(Il lui présente un bouquet; Julie fait la révérence.)

LA PRÉSIDENTE, se levant. Bonjour, mon gendre !.. je vous attendais avec impatience, car il faut, M. Saint-Marc, qu'avant la signature du contrat je vous fasse connaître l'état de notre fortune.

SAINT-MARC, prenant le milieu. Eh! mon Dieu! Madame, ne me faites-vous pas un assez riche présent en me donnant Mlle Julie?..

JULIE, à part. Qu'il est aimable!..

LA PRÉSIDENTE, lui remettant des contrats qu'elle prend sur la table. Voici, M. Saint-Marc, les actes qui établissent ma fortune... vous les examinerez à loisir. Quant à la dot de ma fille, elle est placée dans une spéculation, un bracelet...

SAINT-MARC, vivement. Un bracelet?..

LA PRÉSIDENTE. Magnifique, et que l'on destine à la duchesse de Bourgogne.

(Elle remet les contrats sur la table.)

SAINT-MARC, à part. Celui de Boisjoli!..

LA PRÉSIDENTE. Nous espérons le vendre aujourd'hui même. Je vais vous faire voir maintenant ma propriété.

(Ils vont pour sortir; entrent Mme Boisjoli et Saint-André.)

SCÈNE III.

JULIE, Mme BOISJOLI, SAINT-ANDRÉ, LA PRÉSIDENTE, SAINT-MARC.

LA PRÉSIDENTE. Eh! c'est Mme Boisjoli avec le chevalier!..

SAINT-MARC, à part. Euphémie et Saint-André!.. quel contre temps!..

Mme BOISJOLI. Je me rends peut-être un peu tôt à votre invitation, Mme la présidente?..

LA PRÉSIDENTE, conduisant Mme Boisjoli vers un canapé, à gauche. * On ne saurait vous voir trop longtemps, ma toute belle!..

SAINT-ANDRÉ. J'ai rencontré Mme Boisjoli qui venait chez vous, je me suis fait un honneur d'être son cavalier!.. (Bas, à Saint-Marc.) C'est mon tour, ce matin.

SAINT-MARC. Et le voyage dont tu parlais hier?

SAINT-ANDRÉ. Partie remise... je l'espère... D'ailleurs, j'ai, comme tu sais, un rendez-vous ici, à Versailles, avec ce cher Boisjoli.

SAINT-MARC. En effet... (A part.) Pour le bracelet!.. Diable! ne le perdons pas de vue.

LA PRÉSIDENTE, se levant. Mme Boisjoli nous permettra de la quitter... Il faut qu'avant l'arrivée de nos parens je fasse voir cette propriété à Monsieur... C'est mon gendre.

(Les trois femmes descendent la scène.)

Mme BOISJOLI, étonnée. Votre gendre!... M. Saint-Marc!.. il se pourrait!..

LA PRÉSIDENTE. Ah! vous connaissez M. Saint-Marc d'Argenson, Madame?..

Mme BOISJOLI, troublée. Oui... j'ai vu Monsieur, pour la première fois, hier... chez mon mari...

LA PRÉSIDENTE. Il était allé faire quelque emplette de bijoux?.. les présens d'accordailles?..

SAINT-MARC. Puisque Madame a révélé nos relations, veuillez me laisser terminer avec elle cette affaire... je vous rejoins à l'instant.

LA PRÉSIDENTE. Pas de folies au moins, mon gendre!..

SAINT-MARC. Tout ce que je pourrais offrir à Mademoiselle serait toujours au-dessous de son mérite!..

(La présidente sort avec Saint-André. Saint-Marc donne la main à Julie jusqu'à la porte du fond.)

SCÈNE IV.

SAINT-MARC, Mme BOISJOLI.

SAINT-MARC, revenant vivement. Voyez, quelle imprudence!.. Vous avez pensé vous trahir par votre émotion.

Mme BOISJOLI. Dites, par ma colère!.. Dame! que voulez-vous?.. on n'est pas maîtresse de ça.. Un scélérat d'homme vous dit hier qu'il vous aime, qu'il est désespéré de vous perdre... Il soupire, il pleure... Oui, je crois que vous avez pleuré... Vous l'écoutez, vous le plaignez, vous vous attendrissez.... vous craignez presque qu'il ne se pende en vous quittant!.. Pas du tout... vous le trouvez, le lendemain, frais, vermeil et bien portant, adorant une petite fille, et prêt à l'épouser!.. Oh! alors, la tête se monte, la patience part, et l'on fait quelque sottise!.. Heureusement, vous êtes un honnête homme! et vous n'abuserez pas de vos avantages pour vous venger...

SAINT-MARC. La preuve... la voici dans ce portefeuille.

AIR : Et voilà comme tout s'arrange.

Oui, j'agis comme je le dois;
Je ne crains pas que l'on me blâme,
Et les bons procédés, je crois,
Sont tous de mon côté, Madame.
Je ne garde rien, car ici
Je vous rends ce serment si tendre!..
Vos billets, le portrait aussi...
Vous le voyez, je rends ainsi
Tout ce qu'il m'est permis de rendre.

Mme BOISJOLI, soupirant, et regardant le portefeuille. Mes lettres!.. mon portrait!.. Ah!.. allons, qu'il ne soit plus question de ces folies...

SAINT-MARC. Voilà comme je vous aime!.. Raisonnable et bonne!..

(Il lui baise la main.)

SCÈNE V.

SAINT-MARC, Mme BOISJOLI, sur le devant; BOISJOLI, SAINT-ANDRÉ, au fond.

BOISJOLI. Hein!.. qu'est-ce que je vois?..

* Julie, Mme Boisjoli, la Présidente, assises à gauche. A droite, en avant, Saint-André, Saint-Marc.

Mme BOISJOLI, cachant le portefeuille. Mon mari!..

(Saint-Marc s'éloigne. En sortant, il salue Boisjoli, qui témoigne une grande surprise.)

SAINT-ANDRÉ, riant, à part. La bijoutière et Saint-Marc!.. Ah! le perfide!.. Un jour de fiançailles!..

SCÈNE VI.

BOISJOLI, Mme BOISJOLI, SAINT-ANDRÉ.

Mme BOISJOLI, à part. Le vieux jaloux l'a vu me baiser la main!..

BOISJOLI, prenant sa femme à l'écart. En le trouvant dans cette maison, tu as donc témoigné ta surprise?

Mme BOISJOLI, hésitant. En effet!..

BOISJOLI. Et il t'a suppliée de ne rien dire de ce que tu sais sur son compte? et toi, toujours bonne, tu as promis!..

Mme BOISJOLI, de même. Comme vous dites.

BOISJOLI. C'est pour cela qu'il te baisait la main?.. Allons, allons, il n'y a pas de mal.

Air de Turenne.

Tu connais mon bon caractère ..
Je n'aime point à disputer;
Mais qu'il s'éloigne, ou ma colère
Pourrait à la fin éclater,
Et je le ferais arrêter.
Oui, je croirais mon courroux légitime,
En sévissant contre un fripon
Que j'ai trouvé dans ma maison,
Sur le point de commettre un crime!

Va, j'ai à causer avec M. le Chevalier, laisse-nous...

Mme BOISJOLI, passant près de Saint-André. Je n'ose parler ici à M. Saint-Marc, veuillez lui rendre ce portefeuille.

(Elle lui fait une grande révérence, et lui glisse le portefeuille.)

SAINT-ANDRÉ, la saluant, après avoir pris le portefeuille. Toujours votre tout dévoué serviteur!..

(Mme Boisjoli sort.)

SCÈNE VII.

SAINT-ANDRÉ, BOISJOLI.

SAINT-ANDRÉ, à part. A nous deux! maintenant, maître Boisjoli.

BOISJOLI, qui a conduit sa femme jusqu'à la porte du fond, se campant devant Saint-André, les bras croisés. Convenez, M. le Chevalier, que le monde est un repaire de brigands, une véritable forêt de Bondy!..

SAINT-ANDRÉ. Bah!..

BOISJOLI. Vous croyez avoir un honnête homme devant vous, pas du tout, c'est un voleur!..

SAINT-ANDRÉ, à part. Ah çà! à qui en a-t-il?

BOISJOLI. Comprenez-vous cela, M. le Chevalier?

SAINT-ANDRÉ. Ma foi, non!

BOISJOLI. Voilà pourtant ce qui m'arrive!.. Un misérable se présente chez moi, bien vêtu, beau linge, tournure distinguée!..

SAINT-ANDRÉ, à part. C'est moi!..

BOISJOLI. Pourquoi?

SAINT-ANDRÉ. Pourquoi?

BOISJOLI. Pour me voler!

SAINT-ANDRÉ, à part. Aïe! aïe!..

BOISJOLI. Un bracelet de 300,000 francs!.. rien que ça.

SAINT-ANDRÉ, à part. Je suis découvert!..

BOISJOLI. Et je retrouve le drôle ici, établi, impatronisé!..

SAINT-ANDRÉ, à part. Je désirerais vivement m'éloigner.

BOISJOLI. Vous pensez bien que je ne le souffrirai pas plus long-temps. S'il ne se hâte de déguerpir, je vais le nommer tout haut, et corbleu!.. (Saint-André a gagné peu à peu la porte, il va disparaître.) Eh bien! où allez-vous donc? j'ai là le bracelet.

(Il tire l'écrin de sa poche.)

SAINT-ANDRÉ, étonné, revenant. Hein! quoi! le bracelet?..

BOISJOLI. Pardon! je me laisse aller à mon indignation contre ce Saint-Marc.

SAINT-ANDRÉ. Comment, c'est de lui que vous parlez?

BOISJOLI. Eh! oui, sans doute, je ne vous l'ai pas dit?

SAINT-ANDRÉ. Non, vraiment!.. Ah! ah! ah! ah!

BOISJOLI. Eh bien! cela vous fait rire.

SAINT-ANDRÉ. Certainement, Saint-Marc est incapable...

BOISJOLI. Incapable!.. vous jugez tout le monde d'après vous; mais, j'ai des preuves, des preuves certaines.

SAINT-ANDRÉ. Allons donc, la crainte de perdre votre précieux joyau vous trouble l'esprit au point de vous faire voir partout des voleurs... Est-ce que vous ne me prendriez pas aussi, par hasard, pour un chevalier d'industrie?

BOISJOLI. Ah! vous, M. Saint-André, je vous connais; mais votre Saint-Marc, par exemple, je suis sûr...

SAINT-ANDRÉ. Ma foi, je vous l'abandonne... Mais tenez, pour mettre un terme à vos craintes, il faut en finir; j'ai préparé les voies au château, on m'y attend; donnez-moi le bracelet, je vais terminer l'affaire, il n'en sera plus question!

(Il tend la main.)

BOISJOLI, hésitant. Ah! l'on vous attend, et vous croyez terminer...

SAINT-ANDRÉ. J'en suis sûr.

BOISJOLI. Parbleu! je vous aurai une grande obligation.

SAINT-ANDRÉ. Allons donc! trop heureux de vous être agréable!

BOISJOLI. Croyez bien que je saurai reconnaître...

SAINT-ANDRÉ. Fi!.. M. Boisjoli, le plaisir de vous rendre service, et je suis trop payé... Eh bien! donnez donc... Vous hésitez?

BOISJOLI. Non, non, sans doute... mais c'est que lorsqu'on se sépare d'un objet aussi précieux... on éprouve une certaine émotion... (Regardant le bracelet.) Il est si beau!

SAINT-ANDRÉ. Ah! je conçois! (A part.) Il ne finira pas!

BOISJOLI. Et puis 300,000 francs!..

SAINT-ANDRÉ, à part. Que trois cent mille diables t'emportent!

BOISJOLI. Et vous êtes bien sûr de le faire accepter?

SAINT-ANDRÉ. On le prendra dès que vous me l'aurez remis.

(Il tend la main.)

BOISJOLI, se croisant les mains derrière le dos tout en tenant l'écrin. C'est admirable, d'être aussi bien en cour!.. On vous écrit?

SAINT-ANDRÉ. Souvent! (A part.) Maudit marchand! son instinct l'avertit.

BOISJOLI. Je voudrais bien voir quelque lettre de la cour.

SAINT-ANDRÉ, à part. Je n'aurai rien, il se méfie de moi.

BOISJOLI, insistant. Vous n'avez pas là quelque billet?

SAINT-ANDRÉ, feignant de chercher dans sa poche. Non, je ne crois pas; je ne porte pas d'ordinaire...

BOISJOLI. J'en suis fâché... j'aurais été charmé...

(Il met l'écrin dans sa poche.)

SAINT-ANDRÉ, tirant le portefeuille de Saint-Marc. Oh! le portefeuille de Saint-Marc! (Rapidement.) S'il y avait encore ce billet qu'il m'a montré hier... Le voici!.. je suis sauvé. (Haut.) Parbleu! vous avez du bonheur, votre curiosité sera satisfaite! Lisez ceci.

(Il lui donne le billet sans l'enveloppe.)

BOISJOLI. Voyons... (Lisant.) « On veut vous » voir et causer avec vous... »

SAINT-ANDRÉ, l'interrompant. On veut! vous entendez, c'est la marquise de Maintenon, dont on ne prononce jamais le nom.

BOISJOLI. Ah! c'est de la marquise! (Continuant.) « Il s'agit de terminer l'affaire en ques- » tion... Venez demain, on vous introduira par » le petit escalier. »

SAINT-ANDRÉ. C'est écrit d'hier.

BOISJOLI. Ainsi, c'est aujourd'hui! « Signé comtesse de Caylus. »

SAINT-ANDRÉ. La nièce de la marquise.

BOISJOLI. Je la connais, et son écriture aussi... je lui ai vendu... Maintenant, voici l'écrin.

SAINT-ANDRÉ. C'est-à-dire que vous êtes rassuré!

BOISJOLI. Moi! M. le Chevalier, je n'ai jamais douté.

SAINT-ANDRÉ. Convenez-en, vous aviez peur!

BOISJOLI. Eh bien! oui... que voulez-vous?.. Je ne suis pas seul intéressé dans cette affaire, c'est la dot de Mlle de Caumartin; vous me pardonnerez?..

SAINT-ANDRÉ. Eh! mon Dieu! sans doute, rien de plus naturel.

BOISJOLI, lui donnant l'écrin. A présent, bonne chance!

SAINT-ANDRÉ, le prenant. Je suis sûr du succès. (Le regardant.) Ah! quel dommage qu'il n'y ait qu'un bracelet!

BOISJOLI. Au premier moment, on peut avoir complété le second, on s'en occupe.

SAINT-ANDRÉ. C'est à présent qu'il le faudrait; dans ces sortes d'affaires, on ne peut revenir à deux fois... Enfin, ne soyons pas si exigeans, et contentons nous de ce que nous avons. (Ritournelle du chœur suivant.) C'est Mme la présidente, avec sa famille. Ne dites rien, je vais m'éclipser sans bruit.

BOISJOLI, enchanté. Bien!.. bien!.. c'est cela, disparaissez; on pourrait vouloir vous retenir... et les affaires avant tout! (Saint-André sort par une porte à droite, la présidente et les autres personnages entrent. Boisjoli sur le devant.) Ah! je me sens plus léger, à présent!

SCÈNE VIII.

BOISJOLI, SAINT-MARC, LA PRÉSIDENTE, JULIE, Mme BOISJOLI, PARENS ET AMIS, UN NOTAIRE.

LES PARENS ET AMIS.

AIR : Maître Jean, que le dîner s'apprête.

Nous venons tous, partageant votre ivresse,
Pour présenter, bons amis, bons parens,
Aux jeunes gens
Dont le bonheur ici nous intéresse,
Dans ce beau jour, nos vœux, nos complimens.

(Les parens s'asseyent au fond du salon, le notaire se met à la table. Mme de Caumartin et Julie entrent avec Saint-Marc et Mme Boisjoli.)

BOISJOLI, apercevant Saint-Marc. Encore ce misérable, on ne l'a pas chassé!..

LA PRÉSIDENTE. Mes chers parens, je vous présente M. Saint-Marc d'Argenson, mon gendre futur...

BOISJOLI, à part. Ah! c'est trop fort!

LA PRÉSIDENTE. Jeune magistrat appartenant à une famille honorable...

BOISJOLI, à part. Voilà une calamité! Pauvre famille!

LA PRÉSIDENTE. Et lui-même homme distingué par son caractère, ses talens et sa probité.

BOISJOLI, poussant un cri. Oh!.. sa probité!

LA PRÉSIDENTE. Qu'est-ce que vous avez donc, M. Boisjoli? Nous souffrez?

BOISJOLI, allant à elle. Non, je ne souffrirai pas que vous soyez plus long-temps abusée; il y va de l'honneur d'une respectable famille! Si c'était du mien, je pourrais me taire; mais il n'est pas question de moi, ici!

TOUS, l'entourant. Qu'est-ce que c'est?.. que dit-il?

BOISJOLI. Vous saurez, Mesdames et Messieurs, qu'hier j'étais parti de Paris pour Versailles, où je devais coucher... Il paraît que ce voyage fut ébruité... on sut que ma maison et ma femme allaient se trouver veuves de leur défenseur naturel... de là de funestes projets! Cependant, un pressentiment, un avis du ciel et une roue cassée me ramènent incognito à mon domicile; ma femme m'accueille avec cette joie, cet empressement, réservés aux seuls époux adorés... Je l'envoie... ma femme... où je me propose de la suivre; j'allais en effet partir pour ma chambre à coucher, lorsque cette même Providence qui m'avait ramené m'inspira l'heureuse idée de visiter, comme à l'ordinaire, mon appartement... Arrivé à une certaine armoire, qu'est-ce que je vois?.. un manteau qui m'était étranger, surmonté d'un chapeau à cornes parfaitement inconnu, et terminé par deux jambes dont je n'avais jamais ouï parler!.. Ce phénomène me frappa, Je marchai droit à cet assortiment, qui me parut dans l'intention de s'évader... Tout-à-coup, ma femme accourt en poussant des cris... elle se précipite dans mes bras... ma lumière s'éteint, je suis frappé... où finit le dos, je tombe... quand je me relevai, tout avait disparu, excepté un chapeau toujours à cornes, dans lequel je lus: *D'Argenson*!

(Tout le monde rit.)

LA PRÉSIDENTE, avec indignation, regardant Saint-Marc. La veille d'un mariage, c'est trop fort!

SAINT-MARC, à part. J'enrage! et impossible d'expliquer...

BOISJOLI, aux parens qui l'entourent.

AIR : Saint Nicolas, patron de la Russie.

Rien ne manquait chez moi, je dois le dire;
Mais il venait, on peut le deviner,
Pour un bijou que maint fripon désire,
Et que j'avais eu tort d'abandonner!
D'après ce que j'ai fait connaître,
Prononcez, j'attends vos avis:
Jugez ce que Monsieur peut être,
Et jugez ce que je suis!

LES PARENS, riant.

C'est la perle des maris!

(Mme Boisjoli s'est détournée en baissant les yeux; les femmes rient derrière leurs éventails, les hommes rient aux éclats.)

LA PRÉSIDENTE, à Saint-Marc. Ne comptez plus sur ma fille, Monsieur!

JULIE, s'évanouissant. Ah! ma mère!

SAINT-MARC. Madame, je suis désespéré...

BOISJOLI, s'approchant de lui. De n'avoir pas le bracelet?.. Il est à l'abri de vos entreprises: M. Saint-André l'a emporté au château.

SAINT-MARC. Saint-André!.. tout est perdu! (Une partie de la société entoure Boisjoli en riant; les femmes sont groupées autour de Julie qui se trouve mal, et qui est assise, secourue par sa mère; pendant ce temps, Saint-Marc amène Mme Boisjoli près de la table.) Madame, écrivez vite! (Mme Boisjoli hésite.) Il y va de votre honneur, de votre fortune!

Mme BOISJOLI, s'asseyant. J'écris.

SAINT-MARC, dictant rapidement. « Monsieur, le » second bracelet est prêt; venez le chercher. » Signez. « A M. Saint-André. » Très bien!.. il ne peut être loin... (Revenant à Mme de Caumartin.) Madame, plus tard, vous comprendrez...

AIR : Ah! c'est une horreur!

LA PRÉSIDENTE et JULIE.

Ah! c'est une horreur!
Vous! sans pudeur,
Trahir mon / son cœur;
C'est une horreur!

TOUS, montrant Boisjoli en riant.

Ah! quelle candeur!
De tout mon cœur,
J'en ris, d'honneur,
Quelle candeur!

BOISJOLI, à Saint-Marc.

Ah! c'est une horreur!
Fourbe, imposteur,
Traître, voleur!
Crains ma fureur!

SAINT-MARC et Mme BOISJOLI, à la présidente.

Non, c'est une erreur,
Sur mon honneur,
C'est une erreur,
Croyez son / mon cœur.

LES HOMMES, à Boisjoli, en riant.

Oh! ce n'est pas un séducteur,
C'est un voleur, c'est un voleur.

BOISJOLI, à Saint-Marc.

Enfin donc, je te chasse,
Imposteur avéré!

SAINT-MARC.

Si je cède la place,
Bientôt je reviendrai.

TOUS, riant au nez de Boisjoli.

Bravo! bravo! cher Boisjoli!
Oh! c'est un époux accompli!

(Saint-Marc sort rapidement par le fond avant la fin du morceau; la présidente emmène sa fille: tout le monde la suit. Mme Boisjoli, restée la dernière, va sortir; son mari, qui est devenu sombre pendant la sortie, la ramène d'un air tragique.)

SCÈNE IX.

Mme BOISJOLI, BOISJOLI.

BOISJOLI, d'une voix sépulcrale. Restez, Madame; écoutez-moi.

Mme BOISJOLI. Oh! mon Dieu! quel air ébouriffé!

BOISJOLI. Lorsque, dans l'intérêt de la morale, je me suis fait un devoir de narrer l'événement nocturne dont il s'agit, j'y ai mis, vous l'avez vu, toute la gravité dont je suis capable... je n'étais certes pas plaisant! Eh bien! Madame, j'aurais été Jodelet ou Scaramouche, un histrion de la foire, que je n'aurais pas fait rire davantage ces messieurs... il y en avait qui se tenaient les côtés, et les dames!.. ma foi, les dames, je ne puis pas exprimer jusqu'où est allée leur gaîté!.. Que veulent dire ces éclats de rire, Madame?

Mme BOISJOLI, avec impatience. Ce que vous auriez dû deviner depuis long-temps : ce que je m'efforçais de vous faire comprendre ; qu'il est impossible que M. Saint-Marc, jeune homme bien élevé, maître des requêtes, soit un voleur.

BOISJOLI. Ah bon! voilà ce que je voulais vous faire dire!.. Qu'est-il donc alors? et que venait-il faire chez moi, à heure indue?

Mme BOISJOLI. Mais je ne sais!.. (A part.) Maladroite!

BOISJOLI. Parlez!

Mme BOISJOLI. Il fallait le lui demander.

BOISJOLI.

AIR : Je n'ai pas vu ces bosquets.

A vous, Madame, s'il vous plaît,
Je le demande avec instance;
Parlez... vous! qu'il remerciait,
En prenant certaine licence...
Je ne veux pas augmenter, Dieu merci!
Le gros total des maris bons apôtres.

Mme BOISJOLI.

Mais, mon ami...

BOISJOLI.

Rayez ceci!
Je cesse d'être votre ami,
Accompagné de plusieurs autres!

C'était bien la peine d'aller prendre une femme à Tours! Je n'irai plus y chercher que des pruneaux.

Mme BOISJOLI. Je vous assure que vous interprétez mal!

BOISJOLI. Savez-vous, au moyen âge, ce que l'on faisait aux femmes légères?.. on les tondait. Aux Indes, savez-vous ce que l'on prépare aux femmes coquettes?.. un joli bûcher! En Turquie, où met-on les femmes indélicates?.. dans le sac! Plus galant, le Français, aujourd'hui, leur réserve une maison de retraite sur le boulevart... Neuf... Apprêtez votre pelisse et vos mitaines, et disposez-vous à me suivre où mon bon plaisir vous conduira.

Mme BOISJOLI, à part. Allons, plus d'espoir que dans Saint-Marc; il a promis de me sauver.

(Boisjoli lui fait un signe sévère, elle sort.)

BOISJOLI, regardant sa femme s'éloigner. Femme de Tours, en voilà un cruel!

SCÈNE X.

BOISJOLI, seul, très agité.

Maintenant, il ne tient qu'à moi d'aller trouver ce Saint-Marc, de lui proposer l'épée ou le pistolet... je le tuerai ou il me tuera! Non, je ne m'exposerai pas davantage... je ne suis pas assez sûr de mon fait!.. car enfin, si elle était innocente!.. Elle l'a été si long-temps... depuis sa naissance, jusqu'à...

SCÈNE XI.

BOISJOLI, SAINT-ANDRÉ.

SAINT-ANDRÉ, entrant vivement par le fond, après avoir regardé avec précaution. Me voici!.. vous m'attendiez?

BOISJOLI, surpris. Non!.. je vous l'avoue... des distractions... mais je vous vois avec plaisir...

SAINT-ANDRÉ. Vous êtes prêt?

BOISJOLI. Prêt! parfaitement.

SAINT-ANDRÉ. En ce cas, dépêchons.

BOISJOLI. C'est ça, dépêchons.

SAINT-ANDRÉ, à part. J'ai vu rôder certains visages de mauvais augure! (Haut.) Vous l'avez là?

BOISJOLI. Hein?.. c'est du comptant?..

SAINT-ANDRÉ. Le bracelet...

BOISJOLI. Le bracelet?

SAINT-ANDRÉ. L'autre...

BOISJOLI. L'autre quoi?

SAINT-ANDRÉ. Le second bracelet que je viens prendre, pour le joindre au premier.

BOISJOLI. Pour le joindre au premier?.. il n'est donc pas encore vendu?

SAINT-ANDRÉ. Non, heureusement.

BOISJOLI. Malheureusement! Je comptais ne plus le revoir.

SAINT-ANDRÉ. Ça devait être ainsi... Mais soyez sans crainte : deux ne m'embarrasseront pas plus qu'un.

BOISJOLI. Deux! il faut les avoir... et vous savez bien...

SAINT-ANDRÉ. Je sais que vous avez l'autre, et je viens le chercher, d'après votre invitation.

BOISJOLI. Mon invitation?

SAINT-ANDRÉ. Sans doute... écrite par votre femme.

BOISJOLI. Par ma femme?

SAINT-ANDRÉ, lui donnant la lettre écrite par Mme Boisjoli. Parbleu! voyez!

BOISJOLI, stupéfait. Jamais je n'ai dicté cette lettre à ma femme!

SAINT-ANDRÉ. Vous n'avez pas?.. c'est un piége!..

BOISJOLI. Je ne puis deviner l'auteur de ce mauvais tour... Quel motif, d'ailleurs?.. Allons, j'en suis pour ce que j'ai dit... c'est ce Saint-Marc! pour rattraper le bracelet, il aura abusé de la simplicité de ma femme.

SAINT-ANDRÉ. Vous croyez?.. Allons donc!

BOISJOLI. Décidément, c'est un voleur et non un amoureux... c'est le bracelet et non Mme Boisjoli qu'il convoite... Pauvre chère amie! elle est toujours innocente!.. Retournez vite au château!

SAINT-ANDRÉ. Oui, je vais tâcher de réparer le temps perdu.

BOISJOLI. Gardez bien le bracelet.

SAINT-ANDRÉ. Soyez tranquille.

BOISJOLI. Moi, je cours près d'Euphémie, calmer ses inquiétudes... Pauvre chérie, après six mois de mariage... j'ai pu lui faire beaucoup de mal !..

(Il sort.)

SCÈNE XII.

SAINT-ANDRÉ, SAINT-MARC.

SAINT-ANDRÉ. Il y a, je crois, par ici, un escalier qui donne sur les jardins; si je puis y arriver, je suis sauvé.

(Il se dirige vers le cabinet à droite, et trouve Saint-Marc qui lui barre le passage.)

SAINT-MARC. Au contraire, tu te perds!

SAINT-ANDRÉ. Saint-Marc !

SAINT-MARC. Certaines gens sont là qui t'attendent au passage... et, une fois entre leurs mains, il me deviendrait difficile de t'en tirer...

SAINT-ANDRÉ, avec insolence. Comment donc. mon cher? que veux-tu dire?

SAINT-MARC. Pour la première fois de sa vie, M. Boisjoli a deviné juste : c'est moi qui t'ai fait venir.

SAINT-ANDRÉ. Ah! quelle mauvaise plaisanterie!..

SAINT-MARC. Pas si mauvaise ! elle vaut trois cent mille francs.

SAINT-ANDRÉ, étonné. Hein?

SAINT-MARC. Vois quel est pour toi mon attachement! Je quitte le château où l'on m'attend... Un moment de retard peut détruire tout mon avenir... Mais, si j'avais remis à un autre le soin de cette conférence, c'en était fait de toi... et me voici... Voyons, hâtons-nous! rends-moi le bracelet.

SAINT-ANDRÉ. Le bracelet! mais je ne puis... Il m'a été confié; ce serait un abus, dont je suis incapable.

SAINT-MARC. Allons, il ne faut pas jouer au fin avec moi, je sais tout.

SAINT-ANDRÉ, fièrement. Eh! tu sais?..

SAINT-MARC. Veux-tu des preuves?.. (A demi-voix.) Certain jonc à pomme d'or... aux Tuileries...

SAINT-ANDRÉ, baissant le ton. Eh quoi! l'on t'a dit?

SAINT-MARC, de même. Et au Luxembourg... ce malade, qui t'intéressait si vivement...

SAINT-ANDRÉ, tout-à-fait humble. Assez, assez! j'étais bien persuadé que tu avais fait d'excellentes études; mais je ne te croyais pas aussi instruit.

SAINT-MARC. Oui, je sais, comme tu vois, beaucoup de choses fort curieuses dont la moindre pourrait envoyer un pauvre diable faire un rude service dans la marine du Roi.

SAINT-ANDRÉ. Ah! Saint-Marc! un ami! qui, après tout, n'est coupable que de quelques distractions...

SAINT-MARC, souriant. A son profit!

SAINT-ANDRÉ. D'un peu de légèreté...

SAINT-MARC. Dans les doigts.

SAINT-ANDRÉ. Que veux-tu? le besoin de soutenir son nom, son rang... On est gentilhomme, on veut vivre honorablement... et qu'est-ce qu'il m'a manqué, pour cela?.. de l'argent... qui fût à moi.

SAINT-MARC. Rassure-toi... je n'abuserai pas de la supériorité de mes connaissances, si tu veux être docile. Le bracelet?

SAINT-ANDRÉ. Puisque tu le désires et que tu le demandes d'une manière si pressante... je n'ai rien à te refuser... mais je n'en réponds plus, je le confie à ta probité.

(Il le lui remet.)

SAINT-MARC. Il n'y manque rien?

SAINT-ANDRÉ. Ah! pour qui me prends-tu?.. Tu ne voudrais pas partager?..

SAINT-MARC, se dirigeant vers le cabinet par lequel il est entré. Impossible!

SAINT-ANDRÉ. C'est fâcheux!

SAINT-MARC. Attends-moi, maintenant, ici; je te donnerai un laissez-passer au moyen duquel tu pourras t'éloigner sans inquiétude.

SAINT-ANDRÉ. Voilà un véritable trait d'ami!

SAINT-MARC. Ne te dois-je pas la vie et Julie?..

SAINT-ANDRÉ, le retenant. Mais qui donc es-tu, pour que ta signature puisse ainsi perdre ou sauver un homme?

SAINT-MARC, entrant dans le cabinet. Rien encore... bientôt quelque chose.

SCÈNE XIII.

SAINT-ANDRÉ, seul.

Allons, affaire manquée!.. C'est dommage!..

SCÈNE XIV.

Mme BOISJOLI, JULIE, LA PRÉSIDENTE, BOISJOLI, SAINT ANDRÉ.

LA PRÉSIDENTE. Vous avez fait rompre le mariage de ma fille, M. Boisjoli, je ne vous en veux pas... mais j'emmène Julie en province, et, avant de partir, je voudrais terminer cette affaire du bracelet.

BOISJOLI. Le bracelet? Il est entre bonnes mains, Dieu merci! et M. le chevalier de Saint-André... Eh! parbleu! le voici! il va nous en donner des nouvelles... Dites donc un peu, M. le Chevalier, à Mme de Caumartin, ce que vous avez fait de notre bracelet?

SAINT-ANDRÉ. Je ne l'ai plus.

LA PRÉSIDENTE, effrayée. Hein?

BOISJOLI, avec joie. Déjà? très bien! (A la Présidente.) Vous voyez, Madame! (A Saint-André.) Ce sont trois cent mille livres à nous compter.

SAINT-ANDRÉ. J'ai bien autre chose à vous conter!

BOISJOLI. Vous l'avez vendu plus cher? Vivat!..

SAINT-ANDRÉ. Eh! non! puisqu'on est venu me le demander.

BOISJOLI et LA PRÉSIDENTE. Qui donc?

SAINT-ANDRÉ. Saint-Marc.

BOISJOLI. Je suis ruiné!

JULIE. Comment, vous prétendez?..

BOISJOLI. Que c'est un tire-laine, un coupe-bourse, un... (A Saint-André.) Ah! Monsieur, comment avez-vous pu le lui remettre, après ce que vous saviez de lui.

SAINT-ANDRÉ. Que voulez-vous?.. Il m'a donné des raisons majeures... D'ailleurs... il n'est pas loin... Il est là, dans ce cabinet.

BOISJOLI. Avec le bracelet?

SAINT-ANDRÉ. Avec le bracelet.

JULIE. Vous voyez bien, M. Boisjoli, avec vos ridicules soupçons.

BOISJOLI. Oh! pour le coup, je le tiens.

LA PRÉSIDENTE. Que faites-vous?

JULIE. Il est impossible...

BOISJOLI. Depuis assez long-temps, Mademoiselle, on me rit au nez lors que j'accuse M. Saint-Marc... Je veux cesser de passer pour un visionnaire, tranchons le mot, pour un imbécille. C'est un duel à mort entre nos réputations, il faut que l'une des deux y succombe.

LA PRÉSIDENTE. En vérité, je ne puis croire...

BOISJOLI, prenant Saint-André par le bras pour se faire place et aller vers le cabinet. Enfin, voilà donc un scélérat de pris.

SAINT-ANDRÉ. Hé!

BOISJOLI, ouvrant la porte. Sortez, Monsieur, venez rendre compte à la justice... Voyez-vous? Il n'est pas pressé... Eh bien! Monsieur?.. Ah! mon Dieu! n'y serait-il plus?

(Il entre dans le cabinet.)

TOUS. Comment! se pourrait-il?..

BOISJOLI, revenant pâle et défait. Personne! Il a pris la fuite, le scélérat, avec le bracelet.

TOUS. Ah!

SAINT-ANDRÉ, à part. Avec le bracelet?.. Pends-toi, Cartouche! tu es volé!

BOISJOLI. Eh bien! doutez-vous encore, Madame? Voilà bien qui prouve la vertu de Mme Boisjoli et ma perspicacité!

LA PRÉSIDENTE. Je perds cent mille livres!

JULIE. Ma mère, c'est ma dot... eh bien! je ne me marierai pas, et je ne regretterai rien! que lui!..

BOISJOLI, exaspéré. Que la maréchaussée monte à cheval! qu'on le rattrape, qu'on le saisisse, qu'on lui donne la question ordinaire et extraordinaire... qu'on me rende mon bracelet, ou j'attaque la police, la justice, le Châtelet, le parlement!..

(Il parcourt le théâtre et se trouve au fond au moment où Saint-Marc paraît.)

SCÈNE XV.

Mme BOISJOLI, SAINT-MARC, BOISJOLI, SAINT-ANDRÉ, LA PRÉSIDENTE, JULIE, DEUX CAVALIERS DE LA MARÉCHAUSSÉE.

BOISJOLI. Oh! c'est lui!.. Mon bracelet!

SAINT-MARC, froidement, lui rendant l'écrin. Le voici.

TOUS, avec horreur. Il l'avait pris!..

BOISJOLI, après l'avoir regardé. Intact, complet! Il n'y manque rien! Vive la police! vive le Châtelet!.. (Il embrasse les cavaliers.) Vive la maréchaussée! J'ai mon bracelet.

(Il revient près de sa femme.*)

SAINT-MARC. Oui, M. Boisjoli, rendez grace à la vigilance de l'autorité, qui a su réparer la faute que trop de confiance et de crédulité vous avait fait commettre... car il s'en est fallu de bien peu que votre bracelet ne voyageât à l'étranger.

BOISJOLI. Il ose en convenir!

SCÈNE XVI.

LES MÊMES, UN HUISSIER DU CABINET, LES PARENS et LES AMIS.

L'HUISSIER, portant une dépêche cachetée. M. le lieutenant-général de police?

SAINT-MARC. Me voici.

L'HUISSIER, lui présentant la dépêche. De la part de Sa Majesté.

BOISJOLI. Lieutenant-général!.. J'ai fait une grosse erreur... Mais, enfin, puisqu'il n'est pas voleur, pourquoi donc l'ai-je trouvé hier dans mon domicile?

SAINT-MARC. Bien que M. de la Reynie fût encore en place, déjà chargé secrètement de veiller à la sûreté des citoyens, j'ai dû me rendre chez M. Boisjoli, dont la fortune était menacée...

BOISJOLI. Ah! très bien! je comprends!

SAINT-MARC, regardant Saint-André. Par un de nos plus habiles chevaliers d'industrie.

SAINT-ANDRÉ, à demi-voix, s'inclinant. Merci!

SAINT-MARC. Ainsi donc, la conduite de Mme Boisjoli est à l'abri de tout soupçon.

BOISJOLI, avec enthousiasme. Elle est innocente comme le jour de sa naissance! Après six mois de mariage, quel assaut!..

SAINT-MARC. Si Mme de Caumartin n'avait pas d'autre raison pour rejeter mon alliance...

LA PRÉSIDENTE, lui tendant la main. Excusez-moi, mon gendre... C'est ce monsieur, avec ses visions cornues...

BOISJOLI. Je me tais... J'en mérite bien d'autres.

(Il tombe à genoux devant sa femme.)

Mme BOISJOLI. On vous pardonne.

SAINT-MARC, amenant Saint-André sur l'avant-

* Mme Boisjoli, Boisjoli, Saint-André, Saint-Marc, la Présidente, Julie.

scène. Partis ensemble des mêmes bancs : moi, lieutenant de police !...

SAINT-ANDRÉ, soupirant. Moi... (Gaîment.) Toi, le chasseur; moi, le gibier.

SAINT-MARC. Allons, amende-toi, ou fais en sorte que nous ne nous retrouvions plus en face l'un de l'autre ; car, elle serait funeste à tous deux, une nouvelle rencontre entre CARTOUCHE et D'ARGENSON !..

(Saint-André s'incline et revient près de Boisjoli, qu'il trouve encore à genoux ; il l'aide à se relever, et, en même temps, lui vole sa tabatière, puis s'esquive. Pendant ce mouvement, le chœur s'est chanté.)

CHŒUR.

SAINT-MARC.

Air du Pré-aux-Clercs.

Excusons,
Oublions,
Sans efforts,
Quelques torts;
Indulgence, pour tous,
Pardonner est si doux !

TOUT LE MONDE.

Excusons,
Oublions,
Sans efforts,
Quelques torts;
Pour tous,
Le pardon est si doux !

BOISJOLI, s'avançant d'un air mystérieux.

Air de la Sentinelle.

Je vous le dis, Messieurs, mais en secret,
Pour prévenir toute mésaventure,
Ce magistrat, par lettres de cachet,
Sait réprimer l'indiscret qui murmure.
Évitez donc ce désagrément-là,
Et que, partout, ici la gaîté brille ;
Car le premier qui s'ennuira,
Et qui le manifestera,
Il le fait mettre à la Bastille.

REPRISE DU CHŒUR.

Excusons, etc.

FIN.

AVIS. — Les personnages sont inscrits en tête des scènes comme ils doivent être placés au théâtre; le premier tient la gauche du spectateur. Les changemens de position sont indiqués par des notes au bas des pages.

Imprimerie de Mme DE LACOMBE, r. d'Enghein, 12.

www.ingramcontent.com/pod-product-compliance
Lightning Source LLC
LaVergne TN
LVHW020635110826
845149LV00004B/1206